JN408983

아주 특별한 순간을

# 아주 특별한 순간을

진미영 제1시집

## 시인의 말

아, 수세미 얘기가 덜 끝났다.
내어놓고 우리를 갸우뚱하게
하더니 지금은 무수히 많은
수세미 열매를 내어 놓았다.
제각각 생김새가 그리
다를 수가 없다. 자라는 모습이
어찌나 제각각인지
보고 있으면 저마다 특색이 있어
재미가 난다.
그 앞에서 열매를 기다리던
시간만큼 이야기가
참 많다.

2024년 2월

전미영

# 아름답고 풍요로운 시적 미학의 절창

김 천 우
(시인 · 문학평론가 · (사)세계문인협회이사장)

진미영 시인의 첫 시집 『아주 특별한 순간을』 제1시집 작품을 접하면서 가슴 뭉클한 그 무언가가 바람처럼 스치고 지나갔다. 지고지순한 시인의 섬세하고 따뜻한 언어의 연금술이 마디마디 심금을 울리고 있어 진 미영 시인의 시작 노트처럼 수세미 일화 속에서 그려내는 시적 화자의 차분하고 감성적인 일상들이 한 폭의 풍경처럼 펼쳐진다.

수세미 열매를 기다리는 시간만큼의 강물 같은 이야기로 풀어가는 시의 세계는 시인의 삶 속에서 차마 꺼내지 못하였던 숱한 발자취들이 한 폭의 드라마처럼 아주 특별한 순간을 독자들에게 화두를 던져주면서 다시 화자의 심상(心想)을 퍼 올리는 면면들이 눈길을 끌었다. 우공이산(愚公移山)의 뜻글처럼 우공이 산을 움직인다는 말이다.

타인들이 보기에는 어리석고 하찮을 일로 보이지만 한 가지 일을 목표로 두고 최선을 다하여 노력하면 그 어떤 난간도 시련도 이룰 수 있다는 의미가 담긴 글이 시인의 우직하면서도 강인한 시적 화자의 내공이 탄탄하고 옹골찬 중년의 거룩한 시인 정신이 작품마다 창작의 오솔길을 걸어가듯 다소곳하면서도 아름다운 여류시인의 향기가 아닐까 싶다.

「아주 특별한 순간을」 시편 중에서 확 끌어당기는 대목이 있어 옮겨본다.

> 노란 꽃이 피어나는 튤립/ 붉은 꽃이 피어나는 튤립/ 하얀색 꽃이 피어나는 할미꽃/ 자주색 꽃이 피어나는 할미꽃/ 까만 비닐봉지에 넣어주는 것을/ 받아들고 자동차 옆 좌석에 태우고/ 집으로 돌아왔다/ 꽃밭에 옮겨 심었다/ 만나는 그 순간부터 꾸어왔던 꿈이/ 자라고 자라 피어날 것을/ 기다리며 물을 준다…….

이 얼마나 감동을 주는 시편인가? 코로나로 인하여 피폐하고 갈등하는 세상 민심 속에서도 시인이 툭 툭 던져주는 글씨마다 때 묻지 않는 자연의 풍미와 순결한 영혼의 미학이 두 권이 시집 속에서 파릇파릇한 봄날을 위한 연시처럼 마른 가슴을 자극하고 있다는 점들이 좋았다.

진미영 시인의 시집 상재가 한 시대를 살아가는 독자들에게 단비 같은 선물이 되기를 기도하는 마음이다. 끊임없이 떨어지는 물방울이 돌을 부수듯이 시인의 시편 속에 묻어나는 언어들이 모여서 쇠도 녹일 수 있고 태산도 움직이는 힘이 존재하는 사실을 다시 한 번 피력해 본다. 인생은 지극히 짧고 시간은 소중하고 귀하다는 어휘처럼 등단 이후 두 권의 문화유산을 발간하는 진 미영 시인의 작품집이 만인들에게 사랑의 메신저로 한국 문단은 물론 감성과 낭만을 노래하는 독자들의 지란지교 역할을 하기를 바라면서 진심으로 시집 출간을 축하드린다.

제1부

# 아주 특별한 순간을

제2부

# 보이지 않는 사랑

제3부

# 어느 날 나는 멈췄다

제4부

# 걸음을 멈추고

제5부

# 너, 어디 있어도 사랑이다

제6부

# 아름다운 것들로 채워진다

제1부

# 아주 특별한 순간을

## 아주 특별한 순간을

노란 꽃이 피어나는 튤립
붉은 꽃이 피어나는 튤립
하얀색 꽃이 피어나는 할미꽃
자주색 꽃이 피어나는 할미꽃

까만 비닐봉지에 넣어주는 것을
받아들고 자동차 옆 좌석에 태우고
집으로 돌아왔다

꽃밭에 옮겨 심었다

만나는 순간부터 꾸어왔던 꿈이
자라고 자라 피어날 것을
기다리며 물을 준다.

# 후회

1
비둘기가 옆집 2층 난간을
발돋움을 해 담장을 지나
우리 집 마당에 내려앉았다

마당을 고고하게 거닌다
무어라 이야기를 하는지는
알 수 없지만 그들의 언어를
들으며 다가가 보았다

2
망설이다가 어느 人生이
너무나 어설픈 몸짓을 하고는
벗어나지 않는 삶을 이고 지고
한세월을 보내다가

잠시 그 곁으로 다가갔다

경계다
푸드득 날아가 버린다
날아간 곳을 향하여
한참을 바라보았다
진즉 내려놓을 것을

# 하늘

누군가 태양의 고마움을
생각해낸다

어쩜, 그럴 수가 있을까

아무도
그런 생각을 한 이가 없었지 하는
순한 마음을 가지고자 한다

그래서 우리는

한 번쯤 또 한 번쯤은
그랬던 것 같은
그 놀라움을 우리는 고이고이
접어 담아둔다.

# 올해는

안동에도 눈이 왔다
뜨거움이 식고 차가운
공기가 피부에 닿는다

더운 것이
눈이 미련처럼
눈은 설레임처럼.

# 우리의 사랑

그래서 우리는 함께이며
함께 사랑하는 것이며
여전히 사랑은 알 수 없는 것이며
여전히 사랑은 알 수 없는 것이며
사랑은 어려운 것이며
사랑은 어려워야 하며
사랑은 아름다워야 하며
사랑은 어여뻐야 하며
사랑은 중요하며
사랑은 여전하며
사랑은 위대하며
사랑은 멋진 것이다
나는 나를 사랑한다
나는 아직도 사랑이 무엇인지
알지 못한다
이렇게 살아낸다
나는 나를 나는 너를 여전히 알지 못하며
알 수 없으며 알고자 아니한다
사랑아
우리 다시 가슴 떨리는
사랑을 하자, 한다

# 꿈

아로니아 열매가
가득 달린 나무를
화원에서 데리고 왔다

마당에 두었다

새가 날아와
아로니아 열매를
똑, 따서 부리로 물고는

산을 향해
바람을 가르고
날아올랐다.

# 카페

글을 읽는다.
무언가를 주문하고
무언가를 마신다.

따뜻하고,
차갑고,
무언가를 쓰고,

많은 이들이 앉아
이야기를 나눈다.

드나드는 이들

그들에게서는 겨울이
함께 다닌다.

# 가리비

가리비를 이마트에서 사왔다.
칫솔로 문질러 가리비껍질
이물질을 닦아 냈다.

냄비에 담아 물을 넣고 끓였다.
싱겁다.

아래층에 내려와
먹을 것을 권하니
'안 먹어' 한다.

"그럼, 내가 먹어야지" 하고
먹어보니 맛이 느끼하다.

가리비가 맛이 없다.

남은 가리비 끓인 것을
다시 마늘과 파를 넣고 끓였다.

결국은 버렸다.

# 그림을 그리며

몇 년을 그림을 그리려고
여기저기 공방을 다녀 보았다.

그리다 보니 다른 풍의
그림을 그리게도 된다.

요즘은 꽃 사진을 핸드폰 카메라에
담아 자료로 쓰고 있다.

처음에는 엄두가 나지 않던 것이
거의 매일의 시간을 그림을
그리다 보니 알게 모르게 느는 듯은
하다. 쉬운 듯하나
느는 것이 아주 느리다.

자료가 아주 적다. 인터넷으로
자료를 찾아봐야겠다.

# 새로워진다는 것

뭔가에서 멀어지는 일이
시간이 흐르며 다가오는 것들에
희망을 두는 일이다.

누군가의 눈빛에서 멀어지는 일은
흐려지는 기억을 가만히 놔두는 일이다.

잊을까, 너를 잊을까!

한 발, 한 발 다가오는 것들을
받아들이지 못함은
무엇에 대한 예견일까?

좋지 않은 기억을
미소로 바꿔 나가는 일
모든 것이 사랑이라고
말할 수 있다면 그리하다.

# 꽃이 피었다

꽃이 피었다. 겨울이 가고
봄이 오고 여름을 향하여
간 줄도 모르는 계절이
온 줄도 모르는 계절이
얼굴을 부빈다.

## 유자

1
어쩌다 보니 그 앞에 섰다
한 걸음 다가서기조차 아까운
먼발치서 물끄러미 아련한
너를 바라본다

가슴에서 일렁이는 거부하기엔
너무도 처절하다
한 번도 생각해 본 적이
없었다

한 번도 네 모습이
그러리라고
상상해 본 적이 없었다

너에 대해 너무 모른다는 것을
무수히 많은 시간이 흐르고
나서야 안다

2
너무 미안해서 너무 미안해서
네가 함께일 거라고 여겼는데

아주 작고 희미해서
이제야 안다
붉어 떨어지려 한다
씨앗들이 흐드러질 대로 흐드러져
아무렇게나 늘어져 여문

3
편견들의 늪에서
오만의 늪에서
벗어나는 현장을
목격한다

용기를 내어
가까이 다가간다

바라보는 것이 부끄럽다

있는 그대로의 모습을
바라보는데

아주
오래 걸렸다

# 여행

무작정 길을 떠났다.
자동차를 몰고는
낯선 도로를 따라 달렸다.
11月의 산길은 굽어 있었고
숲은 단풍이 들어가고 있었다.
바람은 불고 낙엽은 날린다.
그것은 누군가의 언어였다.
그 길에서 새로운 언어를
배운다.

# 감꽃

누군가에게 이끌려
꽃에게로 갔다.
별이다.
손바닥 위에서 별이 된다.

# 사랑을 하면서

너를 바라보는데
반백 년이 걸렸다

앞에 앉은 너는
내 인생의 전부였다

# 미안하다

노란 꽃잎에 벌이 날아든다
앵초 꽃보다 작은 놈이
꿀을 먹는지
꽃 속에 고개를 넣고 있다
꽃을 잡초라고 여기며 뽑으니
있는 힘껏 날갯짓에
귓가가 솔타
네 생각은
안중에도 없었다는 것에
화가 난 모양이다
고놈 참 대단하네
이 땅의 주인이 나인 줄 알았다
너도 이 땅 위에서
살아야 하는구나

# 텃밭

가을걷이를 한다.
여름내 보석 같은 열매를
세상에 내어놓았던 토마토며
누렇게 맨몸으로 주렁이던 오이와
고고한 보랏빛으로 눈길을 사로잡던
가지는 자리를 비워 놓는다.

# 겨울의 마당

몇 해의 겨울을
지나고 나서야
을씨년스러운 마당이
보인다.

# 자연

1
자연과 어울려 살 줄 몰랐다.

그 단어는 초등학교 교과서 이름이며
공책의 이름이었다.

머리로는 알겠는데
가슴으로 느껴지지 않았다.

아스팔트와 콘크리트의 딱딱한
도시적인 것들을 사랑하고 있었다.

2
비가 내려 젖은 땅에 서서
운동화에 묻은 흙을 털어 내리는 내내
불평을 하고 신발에 흙이 묻지 않았으면 하고
기도하던 아이가 바로 나였다.

그 아이의 소원대로 점점 길 위에
포장을 하기 시작한 길 위에서는
흙이 묻지 않았다.
먼지도 피해 다녔다.

나는 신이 났다. 내가 어른이 되고
내 아이가 내 소원 위에서 자랐다.
그 아이도 어느 날,
나와 같은 불평을 했다.

"엄마, 내 신발에 흙이 묻었어"
내내 불평을 했다.
어느 고택의 마당이었다.
비가 내리고 있었다.

감당하기 어려울 만큼
신발에 붙어서
떨어질 줄 모르는 흙을
치워 달라고

3
그 이후 아이를 산으로 들로
데리고 다녔다.

산은, 들은, 아이와 나를 함께
자연으로 초대하고
기르기 시작했다. 조금씩
자신에게로 초대했고

그 속에서 우리는 불편했지만
자유를 배웠고 숲과 들에서
살고 노는 법을 익혔다.

4
아파트에서 살던 우리는
마당이 있는 집으로
이사를 하게 되었고
흙을 만지며

꽃밭을 만들고
꽃을 들여다보며
꽃 이야기를 나누고
채소를 키우고

오이, 가지, 고추, 상추들을 먹는다.

아이들에게
"파를 좀 뜯어 가지고 올래? 하는
말이 천국의 언어 같다.
들은 척도 하지 않는다.

제2부

# 보이지 않는 사랑

# 초원이

초원이는
우리 집 개 이름이다.

윌리엄 워즈워드의
“초원의 빛”이라는
시에서 땄다.

내 어릴 적
유년의 그림이랑
너무도 닮은 그 시를
나는 좋아한다.

지구가 좀 더
아름다워지기를 꿈꾸며
함께 지은 이름이다.

# 보이지 않는 사랑

사랑을 했다
시간이 흐르고 흘러
세월이 되었다

지독하게 아주 지독하게
아픈 세월을 견뎌 내었다

그리고 아주 수많은 언어들을
이해했다

하늘에서 내리는 꽃비 같은
아름다운 언어들과 함께

살아낸 기특한 사랑이
늘 함께였다는 것을 안다

# 글쓰기

늘 처음부터 다시
배워야 할 것 같은
글쓰기다.

# 메꽃

여름의 태양과 바다가 보내는 유혹에
해변 모래사장 육지의 경계선에 섰다.
설레며 길을 걷는다.
어디선가 보았던
오랜 기억 속에서
가물거리는 너를 찾고
천천히 오래된 파도가 잦아지고
나는 이곳에서
놀이에 빠져 너를 잊었다가
햇살 아래 선 미소
너를 이제야 본다.

아, 너였구나!

네가 늘 그곳에서 언제나 머물러
내게 말을 걸었다는 것을
꽃 같은 기억을 붙잡는다.
내게도 그런 사랑이 있다 한다.
이름 하나 새겨주는
친구의 목소리

# 애기똥풀

아주 먼 기억 속에서
산비탈 아래에서 노니는 아이들이
유년의 햇살과 함께 찾아와
해맑게 웃으며
물들어가는 꽃을 따다가
노랗게 번지는 이야기를
손바닥에 놓아준다.

# 접시꽃

기와집 흙 담장 어깨 너머로
훌쩍 키를 넘겼다.

꽃이 수려하게 피어났다.

투명한 햇살의 장막 안에서
수수께끼 같은 고대의
숨은 이야기가 흘러나온다.

# 겨울 지나고

봄이 들어섰다.

가끔 아파트로 이사 가고 싶은
충동이 들 때가 있다.

마당과 꽃밭에 대한
미련을 버릴 수가 없어

그냥 포기하고 만다.

# 비 그치고

정오가 조금 지난 햇살에
볼이 따가운 지금
며칠째 내리는 비에

걱정이 조금 앞섰었는데
활짝 개이는 마당 한켠
조그만 텃밭에 몸을 숙인다.

비 그쳤어도 아직은
축축한 땅에 모종삽으로
작은 구덩이를 만들어

토마토 모종을
쏙 집어넣고 흙으로
다독다독 심는다.

주변에 비가 오는
며칠 사이에 풀들이
쑥쑥 자라나 키가 커지고
꽃맹아리가 졌다.

풀꽃을 볼 수 있겠구나.
무리를 지어 자라난 꽃무리를
볼 수 있겠구나.

토마토 모종 주변을 피해
한쪽에 풀꽃의
거처를 모아본다.

풀을 키운다는
누군가의 잔소리

# 오래오래 두고 보고 싶다

잔디들이
푸릇푸릇하게 올라와 있다.

빈 화단이 보인다.

길을 지나가다가 화원에
판매하려고 내어놓은 것을
보고는 꽃을 사다가

화분을 만들어
마당 한켠에 두기도 하고
꽃밭에 옮겨주었다.

고운 햇살이 번져
꽃이 되었다.

# 꽃샘추위

봄바람의 훈기에 밀려나는
막바지 서러움이
지나가는 날에
누군가의 뒤에서
따스히 위로를 한다.

# 녹차

말리고 덖어서
오래고 오랜
숲을 덖어서
숲을 마시네

# 함박눈이 내린다

이른 아침에
눈이 온다고
설레는 목소리로 부른다.

창문을 여니 눈이 내리는 소리가
사락사락 들린다.

눈이 내릴 때도
소리가 나는구나

왜 이런 걸 모르고 살았을까
몇 해 만에 굵은 눈발을 본다.

# 8월

1
7月을 살아냈다.

다가올 달은
더욱 뜨거울 것이라
날들을 손꼽아 기다렸다.

더 뜨거워지기를 소망하며
더 뜨겁지 못했던
시간들을 채워야만 한다.

대지 위의 것들은
타들어가고
안타까움 같은 것들은
안중에도 없다.

더 뜨겁지 않다는 이유로
불평을 한다.

2

대지의 움직이는 모든 것의
욕심을 채울 엉터리 도덕심이
진리인 양 흔들고 가는

아주, 이기적인 행로에

내 8月의 하루하루가

아주 오래도록 묶었던 사심들이
망설임 없이 날아간다.

# 가을이다

가을이다. 바람도 산도 들도
지독히도 메말랐던 올해의 여름은
아무것도 얻은 것이 없다.
그저 무언가에 처절히
아물거나 방치되거나 하여
덕지덕지 붙어서 있을 뿐이다.
가문 땅 갈라지듯
갈라진 채 가을이다.
바람도 산도 들도

# 시간이 지나고 나면

여름이 바삭바삭
아직도 여전히
마른 바람이 부는데
세상을 말리는데

# 이번 여름은 그랬어

가만히 앉아만 있어도
땀이 흥건하다.

몸을 감싼 푸른 베옷 원피스가
얼룩이 지며 감청색으로
그늘이 진다.

# 열정

뜰의 수국이
손가락 끝에서
바스러졌다.

태양의 절제 없는
열정에 어딘가에 남아있는
물기를 머금은
남아있는 애처로운 꽃잎은

불안하기만 한데
태양은 한 걸음
물러서지를 않는다.

# 어느 날

오전이다.
비가 내리려니 하고
이불 빨래한 것이
잘 마르지 않겠네

오후다.
해가 내내 습기와 함께
사무실 안으로 깊게 들어
빛이 가물거린다.

# 올해의 여름 날씨는

지난해의 훅훅 끼쳐오는
더운 공기들을 생각하면
신선하기 그지없다.
살기가 훨씬 편안하다.

# 기도

어디서 비롯되었을까

제3부

# 어느 날 나는 멈췄다

## 소식

잠에서 깨어나자
아래층으로 내려가
꽃밭으로 달려갔다.

얼마 전 서울 다녀오는 길에
사 온 알뿌리 화초를
땅을 파고 심었다.

땅을 비집고 올라오기를
기다리며
매의 눈으로 찾는다.

오늘은 얼마나 올라왔을까
키가 아주 요만큼 자랐다
미소가 저절로 지어진다.

이제 만족하니 하고
그래, 이제 땅 위로 올라왔어.

# 어느 날 나는 멈췄다

1
어느 날 나는 비로소 멈췄다.
멈춘 장소는 집이었다.
모든 사물들은 그 자리에 늘
머물렀다. 그랬다.

원하는 자리에 필요한 자리에
적절하다고 판단되는 자리에
그리고는 내 몸도 풀썩 자리를 잡았다.

그 자리에
주위를 둘러보았다.
고요했다.
사람만이 흘러 다녔다.

2
마당으로 나갔다.
강아지풀들이 무성하게 올라오고
민들레가 지천이다.

그 자리에 우뚝 섰다.
집안에서 마당에서
세상 곳곳에서
늘 흘러 다닌

그리했다는 생각이 들자
모든 것은 고요해졌고
몸과 마음은 멈춰졌고

쉬고 있다고 생각 되어도
들리던 무수한 소리들
소리들에 정적이.

# 초보 농군

핸드폰으로 인터넷 검색을 한다.
씨고구마라고 있네
겨우내 먹으려다가
남겨진 것을
심으면 되겠다.
조금만 심어야겠다.

# 겨울

얼음 덩어리가
마당에 아무렇게나 내동댕이쳐
얼어붙어 있다가 시작을 달리해보는
그들만의 시간들이 있다.
성숙의 계기가 되기를

# 위로

쓸데없이 용감했던 거
스스로에게 사과
차분차분 잘 채비하며 살자
스스로에게 기특 기특
더운 하루, 그래도 창문을 여니
시원하다.
입추가 지났으니 가을바람이
불어오는 거다

# 친구

솔직하다는 것의 가치를
거침없이 자신을 내놓는
모습에서 발견한다.

아름다웠다고 말한다
언젠가 내가 그리했었을 때
모든 것을 받아주었다.

# 나만의 시간

늘 같은 시간에
누군가와 함께 잠이 들다가
깨어있는 이 순간이 좋아
책을 잡고 있거나
글을 쓰거나
영화를 보거나
집안일을 하기도 하고
누군가와 보조를 맞추다가는

나는 그리고 너 또한

가족들이 모두 잠들고 난 후의
달콤한 혼자만의 시간을
지치도록 누리다가 누리다가
잠이 들어보자.

# 도전

갈지만 전과는 다른
새로운 세계를 받아들이는데
익숙해진다.

참아왔던 한 세계를 만들었고
많은 시간 그 시간들을
채워야 하는 것들을
찾게 되었고 받아들이게 되며
세계는 달라졌다.

새로워져야 했다.
새로운 세계의 문이 열렸고
그 세계로 들어섰으니

무한히 많은 호기심 어린 것들이
반긴다.

한 걸음씩 발걸음을
조심스럽게 옮겨본다.

내 옆의 사람이 환하게
웃는 모습이 보인다.

## 여행 2

세상을 좀 더 잘
살아 내기 위해서
아름답다는 것을
찾고 또 찾았다

세상 곳곳을
들여다보고 싶었다

세상 곳곳을
들여다본다

잘 알아야 하는
것들에 이르렀다

# 봄바람

아침 새소리가 맑다
문이란 문은 모두 열었다
집의 문들을 모두 열었다
바깥의 바람이 밀고
들어와 밀고 들어와 남아있는
텁텁하고 무거운 공기를
밀어낸다

# 고양이와의
# 새로운 만남이 시작되었다

1

큰딸아이가
안락사 되기 하루 전에
데려온 고양이다.

작은딸아이가
돌본다고 하며
아이 방에서 지내기
시작했다.

동물을 그다지
좋아하지 않는데
내보내랄 수도 없고 해서

어쨌든 같이 살아야지 했다.

생명이다.

2

살아 있는 생명체에게 어찌
함부로 대할 수가 있을까

곁을 주고 따스하게
품어주는 연습을 해본다

장난도 쳐 보고
눈빛도 마주쳐본다

아직은 마음을 주지 않는 고양이
친구가 되기가 쉽지 않구나

# 장미

새순이 허공을 채울 때에는
아주 천천히 숨소리조차
들리지 않는다 움튼 순에
물이 오르기를 기다리며
가을과 겨울을 지나
봄과 여름을 품에 안고 있다
하얀색 울타리에서 가지가 힘껏
성가신 가시를 휘두른다

# 단풍

가을 가로수 길에서
젊은 스님이 불경을 외시는 듯
가만히 귀를 기울여보면
바람소리 나지막한 길 위를
갓 된 스님과 노스님
승복자락 펄럭이며
장엄한 세상으로 들어간다

## 베고니아

1
꽃이 피었다
마당에 아니, 뜰에
떨어진 꽃잎을
바람이 쓸어가고 있다

응 그래

그 붉은 꽃잎들
바람의 피 같다

2
꽃 진 자리가 너무 공허해
쓸쓸하다

누군가의 잘려나간
수족 아문 듯하다
닮았어

3
늘 함께하고 싶었다는 것을
이제사 알겠다

미안해

그 기억을 되새기며
해야 할 일은
상처를 아물려야 하는
일이다

4
꽃잎 떨어진 자리처럼
인정하고 싶지 않은 것들을
받아들이는 일도 함께다

새롭게 피워 낼
다른 것들을 위해서
이제는

## 뜨락을 바라보며

해야만 하는 일들에 바쁘게
자신을 맞추며 산
얼어붙었던 곳에서는
의미라는 것을 떠올리며 살기엔
사치일 것이다

익숙한 사랑에 나를 맞춘다
아주 오래된 습관이다
겨울의 상실에서 우연히
발견된 퇴색된
너에 대한 생각

그 속에서
무언가를 사랑하고
새로운 것을 받아들이는 일들이
결코 쉬운 것은 아니다

누군가의 봄이 만들어낸
행위들을 의식한다는 것
그 세계를 만나
읽어내는 일이 결코 쉽지는 않다

다시 주어진 한 생을 시작하며
살아낸다는 것의 의미를
찾는다

봄의 기운이 감돈다

마르고 거친 가지에서
새순이 돋고 검불 속에서
새싹이 땅을 비집고 있다.

# 세월호 사건을 기억하며

누가 봐도 봄입니다

오늘은 아파서
온몸이 아파서
웅크리고 누워 아무것도
하지 못하겠습니다

창밖을 내다보니
눈발이 굵디굵게
내리고 있습니다

세월호를 인양한다고
합니다

4월에 내리는 눈은
예사롭지 않습니다

아무래도 우리들의
아픈 가슴이
아픈 눈물이
하늘에 닿았나 봅니다

우리의 숨이 말입니다
아이들의 숨이 말입니다
이렇게 만나나 봅니다

# 퀼트

바느질을 하다가
잠시 멈춘다

한 땀 한 땀
이어가는 길에
마음조차 고와진다.

누가 봐도 그러하지.

# 해가 길다

칠월 중순이다
밤새도록 겹창문 하나를
열어두었다
새벽잠에 문득 깨어
부엌을 서성인 날이다
창문 투명유리 안쪽으로
해가 길게
날이 섰다. 개털이 눈에 뜨인다
나는 우리 집 초원이
털갈이 하는가에 입을 댄다
어쩌란 말이냐 자문자답이다
자꾸만 심술이 난다.
해심술이 오늘은 제법 길다.

# 민화

민화를 다시 배우고 있다.
전통적인 민화와는 다르지만
고풍스러운 느낌들이 그림에
남아 있어서 화려하고 산뜻한
색들과 도안들에
매력을 느끼게 된다.

민화를 그릴 때는
고운 색들에 즐겁기까지 하다.
차분히 서두르지 않고 하나하나
어긋남 없이 배워 나갔으면
하는 바램을 가져본다.

제4부

# 걸음을 멈추고

# 사랑

그래, 너를 보고 싶은 것
너를 안고 싶은 것
그것은 인연 탓이고
안 봤으면
그리움도 없을 것이고
이름을 들은 것
그것도 본 것처럼
생각으로라도 함께 있고 싶은 것
그래 그렇게 시작한다

# 딸에게

사랑아 사랑아
세상 밖이 넓기도 넓은데
왜 네 모습만 보이니

세상 밖 모르고 모르는데
왜 너는 내 안에서
크기만 하니
그 크기가 모자라
더 자라라 하지 않더니
세상 밖으로 나간 네가
늘 그립고 보여주고 싶은 것
들려주고 싶은 것 많다 하는데

함께 가자 하니 따라다니지 말라
오지 말라 하더라

섭섭하더라 그런데
사랑하면 놓아주라 하더라

놓아주었더니 창공 하나가
떨어져 나가더라
별 한 움큼이 멀어지더라

네 미소와 네 기쁨과
네 이야기가

멀리서 가물거리더라
은하수처럼 많은 날들이
가물거리더라

# 후회 2

언젠가
널 잃게 될 것을 알면서
그러면서
그 짐작이 옳다 할 것을

# 봄

3月, 그러고 보면 나는 유난히 봄을 기다린다
그 기다림만큼 설레게 하고 가슴 뛰게 하고
또 다른 묵언을 찾아내기도 하고
어느 날은 엄마가 좋아하는 나날들이었다고
희망처럼 부풀어 오르고 올라
만개한 꽃처럼 기억 속을 장식하기도 한다.

그녀가 소망한 만큼 피어나 대지 위를 물들이고
봄을 만나기 위해
견뎌내야 하는 몫의 삶처럼
무엇인가 여전히 찾아내고 그리고
따사로움에 익숙해져야 하는 것

그 따사로움을 기다리는 것
그것은 우리들의 봄이다
그리고 따사로움에 익숙해져야 한다

그것 또한 우리들의 봄이기에

# 또 하나의 생존

1
우리 집에는 개미가 많이도 기어 다닌다
발 빠른 그 개미 노닥노닥
드나드는 구멍을 바라보면
끝도 없는 것 끝도 없이 헤아려지는
숫자들처럼 헤아릴 수 없이
끝도 없이 드나든다

어떤 때는 내 몸을 기어 다니기도 한다

그럴 때마다 개미들이
의식 저편으로 곰곰이 생각에 잠긴
사람들을 장악하는 것은 아닌지

그래서 개미가 싫다

온전히 나이고 싶으니까

2
아, 그래
이해하기 위해서는 그 또한
생각해 볼 일이다

사람이 알지 못할 일에 몰래
기생이라도 하는 것은 아닌지

혹시 모를 기생 또한
그냥 넘어갈 일이 아니기에

공존은 개미가 꾸는 꿈이기에
공존의 의미를 깊이 되새기며
공존을 이해해보려
노력하는 것이기에

개미까지 사랑하기엔 턱없이 부족하다

기생처럼 보이는
그의 공생을 환영하기에는
내가 그들을 점점 아무렇지 않게
닦아내는 손등 위로
그들이 올라온다.

# 그 여자는

세상이 매력적이라고 여기는
여자가 되어보려고
오늘은 패션지에 나오는
디자이너의 옷을
온몸으로 카피했다.

자신을 자신이 생각한 대로
보고 있다고 여기며
웃으며 다가간다.

명품 가방의 매력적인 가격이
그 여자를 인격적으로
받치고 있고 근사한 옷에
항상 근사한 몸매를 꿈꾸며
흡족해한다.

텔레비전에서 본 듯한 미소
허구한 날 거리를 활보한다.

똑같은 사람들이 거리를
활보하고 있다.

# 걸음을 멈추고

내가 너를 어느 날 문득
그리워하기 시작한 날

나는 그날부터 처음으로
그리움이란 것에 대해
생각하기 시작했다.

버리고 가 버린 것이 아닌지
내가 보고 싶지 않은 것은 아닌지

그리움이라는 단어는
너무도 어려웠다.

그리움이
세월만큼 자라 있었다.

화들짝 놀랐다.

# 백리향

별이 따갑다

화끈 얼굴이 달아오르고
부끄러움이 올라온다. 나는
무던히 못난 그러나 청아한
스무 살의 민낯으로
다시 네 앞에 섰다.

꽃향기 무성히 날리는
뜨락에 서서
당신을 처음 보던 그날
햇살 가득한 가슴으로
당신을 알아본다.

# 아주까리

어느 산골
잔뜩 숲이 되어 버린 집
담자락에서 씨앗을 받는다.

어머니의 목소리와
할머니의 미소를
품에 안으며

햇빛 가득한 고향
유년의 뜰에 선다.

# 난초

12월의 날선 추위에도 불구하고
태양의 따스함과 집안의 온기는
봄을 피워낸다.
힘껏 엄동설한을 밀어낸 옆으로
그 옆으로 두 촉을 올리고 있는
봉오리 머금고 고개 숙여
향내를 진하게 올리며
자신의 위치를 손가락 끝으로
가늠해 보기도 한다.
겨울 추위에 얼어붙은 마음속에
접어두었던 공간 활짝 피어난 그
고개를 돌려 줄기를 타고 오른 꽃에게
나는 슬쩍 손자국을 내고
흠칫 녹여 내고 만다.
한 번도 단 한 번도 무시한 적이 없는
사람의 손
알면서도 멈춰지지 않는 유혹에
넘어가는 손길에 한 번쯤은
향해주기를 간절히 바랐던
후회

## 저항

비가 내리고 있다.

뜨락의 잡초는
감당하기 힘들 만큼
그 세력이 대단하다.

만만치 않다.

훅하고 풀내음이
올라온다.

# 내가 널 몰라봐서 그리하였네

마당에 노랗게 앵초꽃이 피었다
꽃잎에 벌이 날아들고
노랗고 아주 자그마한 꽃 속에서
아주 자그마한 벌이 꿀을 찾는다
보기 싫다 하며 한 움큼
뜯어내었다
그 조그마한 놈이 허
날갯짓 한번 요란하다해서
바라보니
무애 항의가 그리 거센지
날개에서 윙윙 꽤 공격적인
소리가 난다 무엇인가
내게 말을 하려나보다 싶어
가만 생각을 해보니 너를
생각하지 못하였다
네가 거기서 이 꽃에게
볼 일이 있었던 게로구나

# 아담아

안으면 가슴이 얼마나 뛰는지
한순간도 눈을 뗄 수가 없었던
나는 하늘만큼 땅만큼인 너를
너도 하늘만큼 땅만큼인 나를
사랑한다고

# 사랑, 그런 건 몰라

그냥 그런 헛된 말에
휘둘리거나
힘들어하지 않기를 바래서
그래, 그래도 말은
조심해서 해야겠지

조금 더 솔직해져 봤다

뭔가, 다들 시끌시끌
온 도시가
우리 사랑하면 안 되겠죠
누군가의 사랑 고백인가?

아닌가

다들, 그래
글쎄
그럴 수가 있을까?

가끔, 가끔
누굴까, 사랑해도 되지
사랑은 아름답다

다들 무얼 그리는 걸까?
그리움이 뭔지
다들 각자의 그리움

그리워하면 너무 힘들 것 같아서
그리워하지 않는 법을
터득했어 라고

아주 오래전에 누군가에게 했던 말
사랑, 그런 건 몰라
그냥,
다들 왜

# 이른 아침이다

2층 주방에서
아래층 서재로 책을
옮긴다

가을 이슬이 두 팔 위에
살포시 닿는다

문을 열고
새벽을 만난다

새벽어둠의 빛을
몰아내고 있는

형광등 불빛

# 넌 나의 난 너의 사랑

인연이 따로 없더라
인연은 만드는 것이다
모두가 인연이다
난 너의 사랑을 하고
난 나의 사랑을 한다

# 새로워진다는 것

뭔가에서 멀어지는 일이
시간이 흐르며 다가오는 것들에
희망을 두는 일이다.

누군가의 눈빛에서 멀어지는 일은
흐려지는 기억을 가만히 놔두는 일이다.

잊을까, 너를 잊을까!

한 발, 한 발 다가오는 것들을
받아들이지 못함은
무엇에 대한 예견일까?

좋지 않은 기억을
미소로 바꿔 나가는 일
모든 것이 사랑이라고
말할 수 있다면 그리하다.

제5부

# 너, 어디 있어도 사랑이다

# 도서관 풍경

사람들은 굳게 닫혀진 입술로
가지런히 꽂혀있는 서가의 책들을
온몸으로 바라다본다.

책들은 말한다.
흐르는 물줄기 같은 내 마음을
여기에 고이 담아 전하노라고

# 너, 어디 있어도 사랑이다

고맙다
어느 부분, 글쎄
알게 될까

글쎄,
한 걸음 한 걸음 자꾸만
다가가자

우리 서로 사랑하자
사랑이다

# 타인(他人)

우리들이 자신의 삶을
살아가면서
이해 속에서
살아가는 것이 바람직하다.
자연스러운 삶을
추구해야 한다.

## 잠을 깨고

이른 아침의 화단
키가 배나 커져
우뚝 선 화초들이
젖어서 싱그럽게
자란 몸
가슴을 활짝 펴고
서 있다.

# 사람아

안으면
한순간도
눈을 뗄 수가 없었던
바라보는 두 눈이
하늘만큼 땅만큼인
너를
사랑한다고
나도 하늘만큼 땅만큼
너를 사랑한다고

# 담쟁이

유리벽에서 자리를 잡았다
계절이 다 가도록 한자리에서
집념처럼 들여다보는 전시실 안
오가는 사람들 속에
시선을 맞추는 날엔
인적이 드물다.
존재를 굳이 알리려 말자.
가만히 가만히
세월처럼 세워진
유리벽을 기어오르며
하루하루를 참아낸다.
때로는 궁금함에 고개를 갸웃 돌려
옆 지기에게 기대도 보고
엉켜도 본다.
계절도 없는 네모난 벽 안의 뜰을
향하지 않았다.
밖으로만 향하는 맘
유리벽을 밀고 올라선다.
담쟁이 음악 소리
흔드는 바람에 잎새 흔들려 주고
마주한 나는, 몸에 붙은 담쟁이 잎
유리벽을 들여다본다.

# 베란다에서

내려다본 골목길에서
하얗게 깔려있는 눈이
가로등에 새벽에
새삼스럽다.
낯설은 풍경이다.

# 사과 한 자루

물컹물컹한 사과 한 자루
가난에 섞은 사과 한 자루
가난의 선물로 내어준다.
몇 날을 부대끼며
찬바람을 견뎠다.
가난이 묻어 나왔다.

# 주부

주부들이 제일 좋아하는 음식은
다른 사람이 만들어주는
음식이란다.
미안한 마음에 아무 말도 없이
오늘은 음식을 해준다.

# 그가 보고 싶다

지금은 가고 없다.
그가 보고 싶다.
아무 말도 없이
누군가가 그랬다.
머물 듯이 그렇게
세월이 흐른다.
그의 곁으로

# 사람은

우주를 달리는 별이다.
아들의 말이다.
내게 들려준 말이다.

# 내가 왜?

이 글 좀 읽어줄래?
시를 읽다가
시를 한 편 썼다.
시가 될까!

좀 있다가!
바둑을 한 판 두고!
바둑을 아들에게 졌다.

# 새해 선물

새해 선물로 돋보기를 받았다
건네받은 돋보기
단순하게 보이는
돋보기 안 사물이

# 정동진을 다녀온 후

해 뜨는 곳 정동진
해는 매일 떠오른다.
해를 보려고
바다를 향해
새벽빛 어스름을 걷어내는
일출은 소망이 되어
남다른 만남이다.
기적처럼 솟아올라
붉게 품는다.
수평선에 나지막하게 머물다가
둥그렇게 잉태되어 나오는
태양의 환생은
생을 이어가는 힘이 된다.
품고 가는 태양
우리들 위로 솟아오른다.
높이 떠오른다
빛으로

# 겨울

새삼스럽게 코트를 여며 보았다.
땅 위를 걸어 볼 일이 있다면
꽁꽁 얼어붙은 땅에
거리는 발자국 아래도
부딪치는 소리가
유난했을 것이다.
몇 십 년을 보여준 적이 없는
쌓여가는 눈이 동화처럼
쌓여갔다.

# 목련

4월의 목련 꽃잎에
보낼 곳 없는 시 한 줄을 적어
편지를 보내고 꽃잎 한 장 읽던
책갈피 사이에 넣어 본다. 쓴다.
넣어 본다.

향기는 덮고
로뎀이라는 작은 나무 쉼터에서
꽃잎이 후드득, 바닥을 치는,
꽃잎을 한 움큼 주워
참았던 그리움을 펼치네.

책상 위가 목련 향으로
가득하다. 날려 보낸다.

기다림은 기다림은 그리움이
기다림으로 되어
낙동강을 따라 봄빛 풀리는
길 따라 어디론가 흐른다.

# 체취

사과를 먹으며
사과가 되어가는
나를 본다.
밥을 먹으며
쌀이 되고
살아간다.
사과 향기가

## 당연하고

내가 살고자
짓밟히는 것들이
얼마나 많을까
길가에 피어있는 꽃을
던져 버린다.
그들의 향기
무엇을 해야 하나

# 어느 날 문득

현실에 다다르다가
머물러
많은 시간이
마흔다섯의 나이를
거울 속에서 본다.

## 인생

돌아보니 이만큼 왔다
누구랄 것도 없이
한 발자국씩
한 발자국씩
길 위에서 수많은 얼굴들을 본다

# 제6부

# 아름다운 것들로 채워진다

# 이제야 알겠어

살다보니 말이다.
어른이라고
오래 많이 살았다고
이상해 어른들은
그렇게 살지 않을 텐데

# 아름다운 것들로 채워진다

1

아름다운 것들로 채워진다

감사할 일들이 있다는 것을
알게 되었고
감사하게 되었고

세상에 대한 관심은
더 커졌다

2

손길은 깊어지고
좀 더 관심 어리게
바라보는 시간을
가지게 되었으니 터널을
잘 빠져 나왔다고
기특하다 칭찬해 본다.

3

겨울의 차디찬 땅 속에서
바깥의 땅 위에서
찬란한 한생을 품으며
꿈꾸었을 모든 꽃들의
씨앗처럼 그 언 땅을
비집고 나왔다.

# 학춤

나는 어린 시절 학춤을
추고 싶었다.
TV 모니터에서 학 의상을
뒤집어쓰고 학 안으로 들어가
학이 되어버리는 모습에
그 속에서 학이 되지 않으면
안 될 것 같은 학이 되어야만 하는
한 사내의 몸짓에서
나중에는 학도 사람도
사라지고 춤만 남았다.
그 춤 그 속에 숨으면
학이 되는 것이 아니라
내 허울이 숨겨질 줄
알았다.
인간인 나를 넘어서지 않을까
세월이 흘렀다.
춤은 그때 그 춤이
학이 되었다.
저 사람은 학이 되고 싶은가 보다.
왜 사람이 되기보다는 학이
되고 싶은 건지 알 수가 없었다.
세월이 흘렀다.
이제는 학이 되려고 하지 않는다.

## 울타리

울타리 너머 옆집 조그마한 터
좀 지저분한 곳에 쓰레기가
모여 있었다. 흙도 섞여 있다.
씨앗을 그곳에 던져 주었더니
다음 해에 쑥쑥 올라와 있다.
그늘을 만들어주고 있다.
보기가 좋다.

# 블루베리를 샀다

몇 년을 키웠는지 정확히 모르겠으나
인터넷 검색으로 블루베리 묘목을
찾아 사진들을 보니 내가 오늘
구입한 것은 3~4년쯤으로 보이는데
묘목에 대한 상식이 거의 전무한 나로서는
이 추정이 미안하다.

블루베리 열매가 가지에 그득 달렸다.
이왕이면 열매도 맺고 꽃도 피는 나무를
키우는 것이 여러모로 좋겠다 싶었다.

농원에서 구입했다. 덤으로 채송화
한 포기를 받아들었다. 덤으로
다른 화초를 좀 주시면 안 될까요 했다.

쑥스러운 말에 약간의 주저와 함께
그럼, 어떤 화초를 드릴까요 한다.
조금 생각하며 둘러보다가 "채송화"
했더니 "골라 보세요" 한다. "골라 주세요"
하다가 찬찬히 들여다보고는 새순이 실하게
많이 올라오는, 생장이 왕성한 것을
골라 들었다. 블루베리에 관한 공부를 했다.

# 브니엘 꽃 가게

남편이 소개해 주었다.
꽃, 색을 들인다.
예쁘네, 푸른 빛 물감인 듯
물감을 꽃에 들이기도 한다.
새롭다.
꽃병을 주문했다.
시간이 걸리더라도 천천히~
마음에 드는 것을~
부담을 주지 말자.
스테인리스, 유리제품
단순하고
좀 큰 것으로
꽃병이 좀 다양하게
있어야겠다.
집에서 사용하는 꽃
만져 봤다. 약간의 건조된 듯한
촉감. 5月꽃

# 후회 3

언젠가
널 보내게 될 것을 알면서도
그러면서도

# 환생

누가 봐도 봄입니다.

창밖을 내다보니 눈발이
굵디굵게 내리고 있습니다.

4月에 내리는 눈은
예사롭지 않습니다.

하늘에 닿았나 봅니다.
이렇게 만나나 봅니다.

# 멈춰 서 있는 그리움

내가 너를 어느 날 문득
그리워하기 시작한 날
나는 그날부터 처음으로
그리움을 알기 시작했다.

살면서 그 아픔이 날
버린 것 같은 아픔이
그리움이라는 단어로
말해진다는 것을 몰랐다.

알 수가 없었다.
느낄 수가 없었다.
내게서 멀어져 가버린 그 사람을
아주 어린 나는 내 힘으로는
어떻게 할 수 없는 것이라는
것을 인식한 순간
그 무기력 같은 절망은
이루 말할 수가 없었다.

그것이 사랑하기 때문이라는 것을
아주 나이가 들어 알게 되었다.

나는 그리워하는 것을 싫어한다.
너무 아파서 버티다가 버티다가
울지도 못하는 그 아픈 멍치를
누군가에게 드러내 보이며
그랬노라고 한숨 섞어 말한다.

그 이후 그리움도 자라고 있다.

# 봉선화

유년의 기억 속에서 자라고 있는
그 앞에 섰다.

한 걸음 다가서기조차 아까운 날

먼발치서 물끄러미 바라본다.

일렁이는 가슴을 부여잡고 서서
거부할 수 없었던 모습

미안해서 미안해서
숨조차 쉴 수가 없다.

내 안의 너는 아주 작고 희미해서
늘 네게 상처였다는 것을

나의 편견의 늪에서 오만의 늪에서
벗어나는 생을 목격한다.

너를 바라본다.

# 이야기

꽃피고 지던
새 지저귀며 날아오르던 언덕
아주 아주 엉망이고 작지만
어울릴 것 같지는 않지만
어딘지 정겨운
어디선가 본 것만 같은 세상을 그는
늘상 우리의 뜰에 옮겨 놓는다.

# 봄 싹

익숙한 것들에 오늘도 맞춘다.
아주 오래된 습관이다.

계절의 상실에 우연히 발견한
퇴색된 생각 그 속에서
무언가를 사랑하고
새로운 것을 받아들이며

해야만 하는 일들에 바쁘게
자신을 맞추며
얼어붙었던 곳에서

보여지지 않는 행위들을
의식한다는 것 그 세계를 만나
읽어내는 일이 결코 쉽지는 않다.

다시 주어진 한 생을 시작하며
살아낸다는 것의 의미를 찾는다.

누군가의 생이 탄생하고 있다.

# 여행

무작정 길을 떠났다.
자동차를 몰고는
낯선 도로를 따라 달렸다.
11月 산길은 굽어 있었고
숲은 단풍이 들어가고 있었다.
바람은 불고 낙엽은 날린다.
그것은 누군가의 언어였다.
그 길에서 새로운 언어를
배운다.

# 시선

보통 사람들은
모두가 안다.
모든 것이 작용하여
지금 이 순간
우리는 살아내는 데
여전히 서툴다

관계를 놓친다.

# 자꾸, 시선이 간다

벌써 3月이 다 지났다.
오늘이 末日이다. 하루를
지내다 보니 3월은 末日이
되었다.

여기저기 꽃들이 만개한다.
동네를, 산책을 하다 보니
개나리 옆 매화, 자목련
이름 모를 알뿌리 화초의
흰 꽃, 무리지어 올라오는
연둣빛의 화초들

몇 년 전 화단에 심었던 것이
번져 무리를 지었다.
아직은 꽃이 되지를 않았다.

# 작약

몇 년을 실패했는데 드디어
성공이다. 겨울을 용케도 잘
버티어 냈다.
흰 나비 한 마리가 날개를
팔랑이며 공기를 타고
가볍게 꽃 위로 춤을 추듯
날아다닌다.
화초들 위로 날고 있다.
마당에 퍼지는 부드러운
햇살이다.

# 창밖을 보니

대나무는 곧게,
밤이 깊도록
비가 내린다.

창밖에는
달이 밝고

가을바람에
산새가 오락가락

대나무밭에 평상을
놓고 누워 읽는다.

세상에나!

담장이 무너졌다

새벽이다. 물 위에
매화 열매가 가득하다.

잘 익은 포도가 향기롭다.

# 허공

침묵할 수 있다.
어느 날이다.
지나간 빈 공간의 날이다.
기억은 어떤 모습으로
남아 있는 것일까.
우리 모두의 시간

# 3월의 비

빗소리
안방 창문을 뚫고 들어와
수선스럽게 보챈다.

창문을 열고 밖을 내다보니
장대비가 긴 발을 축이며
지나간다.

세상의
모든 고요를 깨우며
생명에게로 간다.

# 데이지

가난한 아이들의 이야기다.

화가를 꿈꾸던 누이가
물감이 없어 꽃잎을 따서
만들어 주었다던
오래된 이야기

어느 꽃집에 도착했다.
유리문 앞에 섰다.
꽃들이 빛을 발하고 있다.

아주 먼 과거에서
아주 먼 현재로
그 꽃이 내게로 왔다.

# 호박잎 쌈밥

호박잎을 샀다.
기다리는 동안 장을 봤다.
바나나도 사고, 블루베리도 사고,
호박도 사고,
그 외의 것들을 샀다.

한 달에 한 번 오는 길에
이곳에 올 때면 사야겠다.
돌아온 지 며칠이 지났다.

호박잎으로 무얼 할까 하다가
젓갈과 주먹밥 재료를 가지고
새로 한 밥에 비벼서,
섞어서 주먹밥을 만들었다.

호박잎을 채반에 얹어 쪘다.
찐 호박잎을 펴서
주먹밥을 돌돌 말았다.

쌈밥이 되었다.

# 주려고 한다

키위를 갈아
주스를 만들고
얼음을 넣었다.

사둔 스테인리스 빨대를
보기 좋게 꽂아 아이가
있는 방으로 올라가 주었다.

안 먹는다고 하더니
엄마, 너무 맛있다, 한다
팔아도 되겠다고 하며
극찬을 한다.

# 사랑에게

흰 눈 위에 발자국이
눈으로 뒤덮였다.
흔적을 남기지 않는
세월을 살아난 데도
3월의 땅
봄, 눈 뜨는 3월의 대지
소란스럽다.
삶을 설레게 한다.
폭죽처럼 터져 나오는
함성이 들려온다.
하늘이 지은 겨울 농사
겨울의 순결함에

문학세계대표작가선 1006

# 아주 특별한 순간을

---

진미영 제1시집

인쇄 1판 1쇄 2024년 2월 19일
발행 1판 1쇄 2024년 2월 26일

지 은 이 : 진미영
펴 낸 이 : 김천우
펴 낸 곳 : 도서출판 천우
등 록 : 1992. 2. 15. 제1-1307호
주 소 : 서울시 광진구 구의강변로 85 강우빌딩 7F
전 화 : 02)2298-7661
팩 스 : 02)2298-7665
http://cafe.naver.com/chunwu777
E-mail : cw7661@naver.com


값 15,000원



ISSN 978-89-7954-917-1